Idealização e coordenação:
Natália Maccari

SÍMBOLOS DO NATAL

Redação:
Suely Mendes Brazão

Paulinas

Dados Internacionais de Catalogação na Publicação (CIP)
(Câmara Brasileira do Livro, SP, Brasil)

Símbolos do Natal / [idealização e coordenação] Natália Maccari. – 9. ed. – São Paulo : Paulinas, 2012. – (Coleção símbolos).

ISBN 978-85-356-3072-5

1. Arte e simbolismo cristão 2. Natal – Celebrações I. Maccari, Natália. II. Série.

12-01950   CDD-263.91

Índice para catálogo sistemático:
1. Símbolos de Natal: Cristianismo   263.91

9ª edição – 2012
6ª reimpressão – 2024

Revisado conforme a nova ortografia.

Redação: *Suely Mendes Brazão*
Ilustrações: *Claudia Ramos*

Nenhuma parte desta obra poderá ser reproduzida ou transmitida por qualquer forma e/ou quaisquer meios (eletrônico ou mecânico, incluindo fotocópia e gravação) ou arquivada em qualquer sistema ou banco de dados sem permissão escrita da Editora. Direitos reservados.

Cadastre-se e receba nossas informações
paulinas.com.br
Telemarketing e SAC: 0800-7010081

Paulinas
Rua Dona Inácia Uchoa, 62
04110-020 – São Paulo – SP (Brasil)
📞 (11) 2125-3500
✉ editora@paulinas.com.br

© Pia Sociedade Filhas de São Paulo – São Paulo, 1996

Introdução

Foi somente a partir do ano 336 d.C. que o Natal passou a ter uma data oficial para sua comemoração, o dia 25 de dezembro, fixado pelo papa Júlio I.

Até então, o Natal era comemorado em diversas datas, conforme a tradição de cada nação. Em alguns países europeus, o Natal era festejado entre 25 de março (data da anunciação do nascimento de Jesus a Maria) e 20 de abril (no tempo pascal). No Egito e na Grécia, o Natal coincidia com o dia 6 de janeiro (dia de Reis, os magos que visitaram Jesus logo depois de seu nascimento).

Isto ocorria porque a Bíblia não traz, em nenhum dos Evangelhos, uma data precisa para o nascimento de Cristo. É também discutível se Jesus veio ao mundo no ano 1 de nossa era ou se teria nascido no ano 4 a.C. E ainda se teria sido mesmo em dezembro, ou em setembro, devido a uma diferença entre calendários.

De uma forma ou de outra, o Natal é uma festa rica em símbolos, cheios de significados, que tocam nossa sensibilidade e vão muito além da razão.

"Não temam. Eis que lhes anuncio uma Boa Nova que será alegria para todo o povo: hoje nasceu na cidade de Davi um Salvador, que é o Cristo Senhor. Vocês acharão um recém-nascido envolto em faixas e colocado numa manjedoura."

Sim, o nascimento de Cristo é, foi e sempre será motivo de alegria para todos os povos do mundo, pois ele trouxe consigo uma mensagem de amor, fraternidade e igualdade entre os seres humanos.

"Glória a Deus nas alturas e paz na terra aos homens por ele amados."

O presépio

Presépio é a representação da cena do ambiente em que Jesus nasceu.

Entre todos os símbolos de Natal, o presépio é o mais significativo para a Igreja.

O primeiro presépio foi montado por são Francisco de Assis, na cidade de Greccio, Itália, no Natal de 1223. A cena, representada com um boi e um burro verdadeiros, foi preparada na manjedoura cheia de feno de uma estrebaria comum. Francisco, com muito carinho, chamou todos os habitantes das proximidades, inclusive os religiosos, para que, na noite de Natal, estivessem presentes ao local humilde que tão bem relembrava o episódio daquela bela e inesquecível noite: o nascimento de Jesus Cristo.

Antes dessa simples e comovente representação, porém, outras cerimônias já haviam se referido à cena do nascimento do Menino Jesus. Em Roma, na basílica de Santa Maria Maggiore, durante a Idade Média (século VIII), o papa costumava celebrar a missa de Natal com uma manjedoura cheia de palha sobre o altar. E, no século XI, representava-se, em muitas igrejas européias, o *officium pastorum*: uma imagem do Menino Jesus era colocada atrás do altar onde se celebrava a missa de Natal e cinco cantores, desempenhando o papel de pastores, perguntavam ao sacerdote onde estava o Salvador recém-nascido; a imagem era então trazida por eles para a frente do altar e, ao som de cânticos e hinos, todos se ajoelhavam em adoração.

Foram os padres jesuítas, no entanto, com seu trabalho de catequização dos povos, que divulgaram e incorporaram o presépio de modo definitivo à Igreja, aos hábitos católicos de todo o mundo.

A cena do presépio, em sua singeleza e simplicidade, faz com que nos lembremos dos ensinamentos e da doutrina de Jesus, cujos principais elementos são a humildade, a igualdade, a fraternidade, a fé, a esperança e, acima de tudo, o amor.

A coroa do Advento

A palavra "advento" vem da expressão latina *ad venire* e significa "o que há de vir".

O Advento é o período das quatro semanas antes do Natal e inicia o "ano" da Igreja. Nesse período, os cristãos se preparam para o Natal, o nascimento do Menino Jesus.

Como o tempo do Advento tem quatro semanas, contém quatro domingos, o primeiro, o segundo, o terceiro e o quarto domingos do Advento.

Para anunciar e celebrar esse período, costuma-se enfeitar os lares cristãos com a coroa do Advento: uma guirlanda verde, sinal de esperança e vida, enfeitada com uma fita vermelha, que simboliza o amor de Deus por nós, ao enviar seu Filho como um presente para a Humanidade.

Neste belo símbolo de Natal, há quatro velas, que devem ser acesas nos quatro domingos do Advento. No primeiro domingo, acende-se uma; no segundo, duas; no terceiro, três; e, no último, as quatro velas da coroa. As velas acesas simbolizam nossa fé em Jesus Cristo, a grande luz que virá iluminar a todos.

A árvore de Natal

A árvore de Natal surgiu na Alemanha, no século XVI, mas pode ser que antes dessa época ela já existisse.

Conta a tradição que a primeira árvore de Natal foi montada por Martinho Lutero, o fundador do protestantismo. Certa noite de inverno, poucos dias antes do Natal, Lutero passeava por um bosque de pinheiros. De repente, olhando para o céu, viu as estrelas que brilhavam entre os ramos das altas árvores, parecendo luzes de velas a cintilar na noite.

Lutero foi então para casa levando um pinheirinho, e o enfeitou com pequenas velas acesas. Logo depois, no Natal de 1525, ele reuniu as crianças de sua cidade e lhes disse: "As velas no pinheiro simbolizam as estrelas do céu, de onde o Menino Jesus veio para salvar o mundo".

Hoje a árvore de Natal é um símbolo de vida. Como sabemos, no inverno rigoroso dos países do hemisfério norte, sob neve constante, as árvores perdem suas folhas. Somente o pinheiro — a verdadeira árvore de Natal — permanece verde.

Desse modo, a árvore de Natal representa a própria figura de Cristo, a verdadeira vida, Deus eterno em qualquer lugar e em qualquer tempo. Jesus é vida, a vida que vem a nós todos no Natal.

As bolas coloridas

Como são bonitas as bolas e os outros enfeites com que costumamos enfeitar a árvore de Natal!

As bolas coloridas são símbolos de Natal: elas representam os frutos da árvore viva que é o próprio Jesus.

Esses frutos são as boas ações praticadas por quem vive em Jesus, como Jesus e por Jesus.

Cristo veio ensinar o verdadeiro amor. O perdão. A verdade. A oração a Deus. A força da fé e da esperança. A compreensão. A docilidade à vontade do Pai, que age sempre em nosso benefício.

Ao praticarmos esses ensinamentos, produzimos boas ações, bons frutos — os frutos de nossa existência — e vivemos a própria vida de Jesus.

Representando assim esses frutos de vida, as bolas coloridas que enfeitam a árvore de Natal são também símbolos dos dons, dos presentes maravilhosos que o nascimento do Menino Jesus nos traz, sempre renovados a cada ano.

As velas de Natal

Como é bonita uma mesa arrumada para a ceia de Natal, tendo ao meio uma bela vela decorativa.

As velas de Natal simbolizam a presença de Cristo e sua grande luz, pois ele mesmo disse: "Eu sou a luz do mundo. Quem me segue não anda nas trevas".

As velas de Natal podem enfeitar qualquer ambiente, uma casa, um apartamento, uma igreja.

Em geral, elas fazem parte de arranjos ou ficam simplesmente acesas em castiçais. Há bem pouco tempo, nas árvores de Natal ainda se colocavam velinhas em seus ramos, como enfeite. Elas eram acesas em todos os quatro domingos do Advento, na véspera e no dia de Natal.

Pouco a pouco, porém, essas velinhas foram sendo trocadas por pequenas lâmpadas coloridas, que causam menos riscos de incêndio e queimadura.

Ao acender velas no Natal, afirmamos nossa confiança em Jesus e lhe prometemos levar aos nossos semelhantes uma palavra de amor, justiça e compreensão.

As velas de Natal renovam nossa fé a cada ano, reavivando nosso empenho em ser, como Jesus, "luzes" de alegria e paz para aqueles com quem convivemos.

Os sinos de Natal

Qual é a finalidade de um sino? Badalar: emitir com seu som mensagens — as horas, o aviso do início ou do fim de uma cerimônia, a manifestação de alegria por uma data festiva...

Os sinos de Natal transmitem a grande mensagem a ser anunciada e comunicada a todos, com muita alegria: o nascimento de Jesus!

Os sinos que dobram festivos nas igrejas, na noite de Natal, os sinos que enfeitam as portas, as mesas ou a própria árvore de Natal querem comunicar a todos a alegria pelo fato de o Filho de Deus estar vivo no meio de nós.

Os sinos de Natal, acima de tudo, querem levar, em todas as direções, a mensagem cheia de esperança e feliz do nascimento do Menino Jesus, que a cada ano chega para salvar homens, mulheres, velhos, jovens, crianças... Todos!

A estrela de Natal

"Onde está o rei dos judeus que acaba de nascer? Vimos a sua estrela no Oriente e viemos adorá-lo" (Mt 2, 2).

Foi esta a pergunta que os três reis magos, vindos do Oriente, fizeram ao rei Herodes, em Jerusalém, pouco depois do nascimento de Jesus, na cidade de Belém.

Os magos, que a tradição diz que eram reis e que se chamavam Gaspar, Baltazar e Belquior, tinham vindo à procura de Jesus, guiados por uma estrela.

A grande e brilhante estrela de Natal, símbolo do próprio Deus a apontar o caminho de nossa vida, tem quatro pontas e uma cauda luminosa, assim como um cometa. As pontas representam as quatro direções da Terra: leste, oeste, norte e sul. Isto significa que, de todos os lados, vêm pessoas para adorar o Deus-menino que acabou de nascer.

"E eis que a estrela, que tinham visto no Oriente, os foi precedendo até chegar sobre o lugar onde estava o menino, e ali parou. A aparição daquela estrela os encheu de profunda alegria" (Mt 2, 9-10).

A estrela de Natal simboliza o Menino Jesus, cheio de luz e de paz. Também eu, você, nossa família, nossa Igreja e nossa comunidade devemos ser estrelas de Natal: basta viver e divulgar verdadeiramente o Evangelho de Jesus.

Os presentes de Natal

Os magos que vieram do Oriente para adorar o Menino Jesus trouxeram-lhe presentes: ouro, incenso e mirra. O ouro simbolizava a realeza de Jesus, rei do Universo; o incenso, sua divindade, como Filho de Deus; e a mirra, uma erva amarga, o seu sofrimento, como Salvador da Humanidade.

Os presentes dos reis magos deram origem à tradição de dar presentes às pessoas na época do Natal.

As datas para dar presentes variam de país para país, nas diversas regiões do mundo. Na Espanha, por exemplo, tradicionalmente, os presentes são trocados no dia 6 de janeiro, dia de reis. Nesse país, acredita-se que os magos, todos os anos, nessa mesma noite, passam a caminho de Belém, cidade onde nasceu Jesus, para visitá-lo, deixando pelo caminho presentes para todas as crianças.

Na França, os adultos dão presentes uns aos outros na véspera do Ano Novo, 31 de dezembro, e as crianças ganham brinquedos no dia 24 de dezembro. Em algumas regiões da Alemanha é costume dizer que quem traz às crianças os presentes de Natal é o próprio Menino Jesus. Nos Estados Unidos, e também no Brasil, as crianças costumam esperar pelos presentes na véspera do Natal.

Os presentes simbolizam, no fundo, o próprio Jesus, o grande presente que foi dado por Deus, naquela magnífica noite, a toda a Humanidade. O Filho de Deus é, sem dúvida, o maior e melhor presente que ganhamos em todos os Natais e, ao darmos um presente qualquer a alguém, estamos ofertando também nosso próprio amor e alegria pelo nascimento de Cristo.

O Papai Noel

Hoje, quando pensamos no Natal, pensamos logo na figura de Papai Noel. O ponto central, porém, dessa grande festa é o Menino Jesus e não o simpático velhinho, carregado de presentes.

Acredita-se que a origem do Papai Noel está ligada ao bispo são Nicolau, que viveu na Ásia Menor, na cidade de Mira, no século IV. Esse bispo era muito generoso e caridoso, sempre ajudava os necessitados e, na época do Natal, gostava de dar presentes especialmente para as crianças pobres, deixando-lhes brinquedos enquanto dormiam.

Há muitas outras histórias sobre o Papai Noel, veja só:

Há lugares em que a figura de Papai Noel é associada a são Martinho e também a um personagem muito misterioso, chamado Knecht Ruprecht, que não se sabe de onde surgiu. Em algumas regiões da Rússia, o povo tem outra versão para o bondoso velhinho: durante a Idade Média, após uma terrível peste que matou muita gente, deixando milhares de crianças órfãs, Noé — aquele que no relato da Bíblia construiu a grande arca e escapou do dilúvio — pediu a Deus permissão para vir à Terra trazer presentes àqueles órfãos, disfarçado numa roupa vermelha e botas pretas. Como na Rússia e em todos os países do hemisfério norte o Natal ocorre no inverno, período em que costuma cair muita neve, Papai Noel vem sempre em seu trenó, puxado por renas.

O verdadeiro simbolismo da figura de Papai Noel é, sem dúvida, a generosidade, o desprendimento e, mais ainda, a alegria de dar presentes para comemorar, todos os anos, o aniversário de Jesus.

A ceia de natal

A ceia de Natal simboliza e relembra a santa Ceia do Senhor, realizada um dia antes da morte de Jesus, quando ele e seus discípulos comemoraram a Páscoa dos judeus.

Toda ceia é sempre um momento de reunião em família. É quando, através dos alimentos, se conserva a vida material do corpo. Bem mais do que isso, a ceia de Natal é a comemoração da verdadeira vida, a vida espiritual, que nos é dada por Cristo, o Filho de Deus.

Tradição natalina são as frutas típicas de inverno (no hemisfério norte, o Natal ocorre no inverno): castanhas, nozes, amêndoas e avelãs, que também são simbólicas e representam a humildade de um riquíssimo alimento, bastante nutritivo, que se esconde sob uma dura casca. Do mesmo modo, sob a forma de uma frágil criança, o Menino Jesus, Deus todo-poderoso, apresenta-se ao mundo no Natal.

É costume, ainda, colocar sobre a mesa, durante a ceia de Natal, uma vela acesa, que simboliza o Cristo vivo, unindo-nos fraternalmente em torno dele.

Os cartões de Natal

No século XVII, era costume na Europa escrever cartas aos amigos por ocasião do Natal. As mensagens, naquela época, levavam muito tempo para chegar, pois as distâncias eram percorridas a cavalo.

Além disso, as cartas tomavam muito tempo de quem as escrevia, pois ninguém iria mandar, em viagens tão longas, apenas algumas poucas palavras.

Em meados do século XIX, o inglês Henry Cole, não tendo muito tempo para escrever longas cartas com mensagens de Natal a todos os seus amigos, pediu a um desenhista, John Horsley, que fizesse um cartão com desenhos que lembrassem o Natal, no qual ele pudesse escrever apenas algumas palavras.

A novidade foi logo divulgada e o povo aprovou a idéia de imediato. Assim, os cartões de Natal viraram moda não só na Inglaterra, mas em toda a Europa, daí passando às Américas até chegar no Brasil.

O verdadeiro sentido dos cartões de Natal é a mensagem cristã, a alegria pelo nascimento de Jesus, que queremos manifestar e repartir com todos aqueles a quem os enviamos.

Os ramos verdes decorativos

É comum, em quase todo o mundo, usar ramos verdes na decoração de qualquer ambiente para a festa de Natal.

Este é, na verdade, um costume muito antigo. Anterior, mesmo, a Jesus Cristo. Durante o inverno, nos países europeus, as plantas perdem seu "verde" e raras são as flores. Por isso, desde os tempos mais antigos, enfeitavam-se as casas com ramos verdes — geralmente de pinheiros — durante o inverno. Acreditava-se, com isso, que se estaria garantindo vida eterna ao ambiente e desejando o breve retorno da florida primavera.

Na Roma antiga, em dezembro, as casas eram enfeitadas com ramos de louro e, em janeiro, guirlandas de ramos verdes eram o presente preferido nas festas do deus Saturno.

Como estes eram costumes pagãos, os primeiros cristãos os condenavam, não permitindo que seus fiéis pendurassem ramos verdes em suas portas durante o inverno. Mas o tempo foi mudando as opiniões e alterando os costumes. Hoje os ramos verdes, que decoram as casas e igrejas na época natalina, simbolizam a esperança em uma nova vida, cheia de fé e alegria, que se renova a cada ano com a chegada do Menino Jesus no Natal.

Os arranjos secos de Natal

Ao contrário dos ramos verdes, os galhos secos lembram a falta de vida e de luz, a ausência daquilo que aquece e renova.

Por isso mesmo, os arranjos de Natal, feitos com folhagens amarelecidas, pinhas secas e galhos retorcidos, são colocados em portas e sobre os móveis dos lares cristãos, indicando a ausência de vida antes da chegada de Jesus.

"Eu vim para que todos tenham vida. E a tenham em abundância."

"Eu sou o caminho, a verdade e a vida!"

"Eu sou a luz do mundo!"

São frases de Jesus que diz muito bem qual a missão do Filho de Deus na terra, missão que começou — e que se renova todos os anos — na noite santa do Natal.

A grande canção de Natal

A canção de Natal, *Noite feliz*, com sua letra traduzida para mais de 60 línguas, é a música mais cantada em todo o mundo. Hoje, é um dos símbolos dessa bela festa cristã.

Noite feliz foi composta na Áustria, no ano de 1818. Conta-se que, numa pequenina igreja da aldeia de Arnsdorf, havia um órgão e os ratos entraram nele e roeram quase todos os foles. Isso foi poucos dias antes do Natal.

Muito preocupado, e com medo de passar a noite de Natal sem música, o padre Joseph Mohr resolveu procurar nos arredores de sua cidadezinha um outro órgão. Numa noite em que fazia a sua busca, o padre, impressionado pelo céu límpido e estrelado, fez um poema ao nascimento do Menino Jesus, que ele imaginou ter sido numa noite parecida com aquela.

Dias depois, foi visitar o compositor Franz Gruber, e o padre Mohr ganhou dele, de presente, a partitura de uma música para tocar em sua igreja. Juntando a essa melodia os versos que fez para o Menino Jesus, o padre criou a canção *Noite feliz*, cantada em sua igreja, pela primeira vez, na missa de Natal daquele ano.

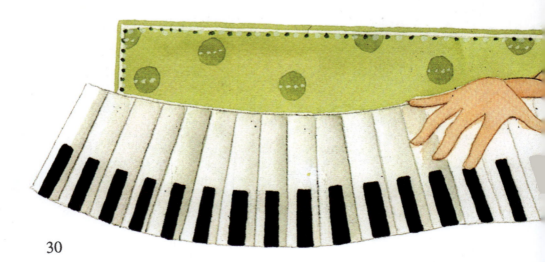

Índice

Introdução 3

O presépio 4

A coroa do Advento 6

A árvore de Natal 8

As bolas coloridas 10

As velas de Natal 12

Os sinos de Natal 14

A estrela de Natal 16

Os presentes de Natal 18

O Papai Noel 20

A ceia de Natal 21

Os cartões de Natal 22

Os ramos verdes decorativos 24

Os arranjos secos de Natal 26

A grande canção de Natal 28